DaZ PRAXIS

W0384353

Gefühle & Freizeit

Differenzierte Arbeitsblätter für Deutsch-Anfänger

Verlag an der Ruhr

Impressum

Titel:
DaZ Praxis
Gefühle und Freizeit – differenzierte Arbeitsblätter für Deutsch-Anfänger

Autorin:
Anna Hoffacker

Illustrationen:
siehe Nachweis am Bild

Titelbildmotive:
© Anja Boretzki

Druck:
Heenemann GmbH & Co. KG, Berlin, DE

Verlag an der Ruhr
Mülheim an der Ruhr
www.verlagruhr.de

Geeignet für die Klassen 1–4

ISBN 978-3-8346-3690-4

Inhaltsverzeichnis

Vorwort

Internationale Förderklassen, Willkommensklassen, Seiteneinsteigerklassen, Eingliederungsklassen – egal wie wir sie nennen, die Kinder in diesen Klassen haben eines gemeinsam: Sie kommen in unsere Schulen, im Gepäck eine Menge Sorgen, Ängste und Erwartungen. Die Arbeit mit ihnen erfordert von uns Lehrern[1] viel Einfühlungsvermögen, Kraft und fachdidaktisches Wissen. Aber am allermeisten Freude am Umgang mit Kindern, die erst noch den Weg in unsere komplizierte Sprache finden müssen. Schafft man es, sie auf diesem Weg erfolgreich zu unterstützen, bekommt man eine Menge Dankbarkeit und Freude von den Kindern zurück, sieht, wie sie ihren weiteren Weg mit grundlegenden Kenntnissen des Deutschen weiter bestreiten. Genau das ist es, was mich immer wieder antreibt, meine Begeisterung für diese Arbeit mit anderen Lehrern, Studierenden und sonstigen Pädagogen zu teilen.

Auf der Suche nach passendem Material für die tägliche Arbeit mit größeren Internationalen Förderklassen (Ifö-Klassen) bin ich auf tolle Sprachspiele, Freiarbeitsmaterialien, Bildkarten, Wortmaterial und vieles mehr gestoßen, jedoch fehlte mir immer ein einfaches grundlegendes Material zur Wortschatzerarbeitung und -einübung, das nicht nur für den Einsatz in kleinen Fördergruppen geeignet ist. Aus diesem Mangel heraus bin ich dazu übergegangen, eigenes Material zu erstellen, das fortan die Grundlage meines Unterrichtes in den Ifö-Klassen bildete. Ein Ergebnis dieser Arbeit sind die nun vorliegenden Themenhefte, die auch andere Lehrer dabei unterstützen sollen, mit Freude die deutsche Sprache an Kinder zu vermitteln.

* Aus Gründen der besseren Lesbarkeit haben wir in diesem Buch durchgehend die männliche Form verwendet. Natürlich sind damit auch immer Frauen und Mädchen gemeint, also Lehrerinnen, Schülerinnen etc.

Didaktische Hinweise

Bei der Thematisierung des Bereichs „Gefühle" ist in Bezug auf Flüchtlings- und Zuwandererkinder besondere Sensibilität geboten. Bitte denken Sie immer daran, dass einige Ihrer Schüler ggf. traumatische Erfahrungen gemacht haben. Sie sollten also dieses Themengebiet nur in Ihren Unterricht einbinden, wenn Sie sicher sein können, dass Ihre Schüler dadurch nicht psychisch belastet werden.

Das vorliegende Themenheft dient in erster Linie der grundlegenden Erarbeitung und Einübung eines Grundwortschatzes im Bereich „Gefühle" und „Freizeit" im Unterricht von Kindern mit keinen bis geringen Deutschkenntnissen. Durch verschiedene Aufgaben und Übungen bauen die Kinder innerhalb des Themas einen Grundwortschatz auf und erlangen bzw. festigen gleichzeitig verschiedene Kompetenzen. Es werden Formate verwendet, die neben dem Wortschatz auch schriftliches Sprachhandeln, Leseverständnis und Hörverstehen trainieren. Kleine Einheiten zur mündlichen Kommunikationsfähigkeit schaffen authentische Sprechanlässe und regen zur Interaktion der Kinder untereinander an.

Dieses Themenheft ermöglicht einen individuellen Einsatz, der den Anforderungen Ihres Unterrichts flexibler gerecht werden kann. Es beginnt mit einfachen Wortschatzübungen und baut mit der Zeit ein weiteres Sprachhandeln auf. Angeboten werden dabei auch immer wieder differenzierte Übungsformen, die auf unterschiedlichen Sprachstandniveaus von den Kindern bearbeitet werden können. Möglich wird dadurch ein Einstieg in die Themen von Kindern auf allen Stufen der Sprachentwicklung, was bei der meist hohen Schülerfluktuation in

Ifö-Klassen durch Neuzugänge und Eingliederungen unerlässlich ist.

Ein zentraler Bestandteil des Heftes ist ein Wimmelbild, das zu freien Sprechanlässen und Gesprächen anregt. Zudem dient es als Grundlage für Situationen des freien Schreibens, an denen Kinder auf fast allen sprachlichen Ebenen teilhaben können.

Die wiederkehrenden Aufgabenformate und die einfache Material-Strukturierung bieten den Kindern Sicherheit und ermutigen sie, die neue Sprache zu entdecken. Sie können die Materialien in jahrgangsübergreifenden Ifö-Klassen, in Fördergruppen, als differenzierendes Material in Regelklassen einsetzen oder wo auch immer Sie Anwendungsmöglichkeiten finden. Vor dem Einsatz der schriftlichen Materialien bietet es sich an, mithilfe der Bildkarten die jeweiligen Wörter im Sitzkreis einzuführen und mit den Kindern mehrfach im Chor zu wiederholen.

Die Kopiervorlagen und Ideen im Heft können in chronologischer Reihenfolge eingesetzt oder für Ihre individuellen Bedürfnisse isoliert genutzt werden. Am Ende des Hefts befindet sich immer eine kleine Reflexion zum jeweiligen Thema in zweifach differenzierter Ausführung.

Am Schluss noch eine Anmerkung zur Arbeit mit nicht-alphabetisierten Kindern: Wenn die anderen Kinder mit den Kopiervorlagen arbeiten, lasse ich nicht-alphabetisierte Kinder in Buchstabenlehrgängen arbeiten. Mit der Zeit ergibt es sich meist von allein, dass sie versuchen, die einfachen Arbeitsblätter zu bearbeiten. Ich habe mit dieser Vorgehensweise bisher nur gute Erfahrungen gemacht und die Kinder nutzen mit der Zeit immer mehr der vorliegenden Materialien erfolgreich.

Zur Arbeit mit den einzelnen Bestandteilen

Bild- und Wortkarten: Die Bildkarten dienen zur Einführung, Übung und Festigung der Wörter im Kreis. Passende Wortkarten in einer großen Schriftgröße für gemeinsame Leseübungen und Zuordnungsübungen lassen sich einfach am PC selbst erstellen. Es gibt eine Vielzahl von Spielen, Liedern und anderer Methoden, die sich dazu eignen, das Wortmaterial mündlich zu üben („Ich packe meinen Koffer", „Obstsalat", Wiederholen der Wörter im Chor in verschiedenen Stimmlagen, Lautstärken etc.). Ihrer Fantasie sind an dieser Stelle keine Grenzen gesetzt.

Arbeitsblätter: Die Arbeitsblätter bieten Übungen auf verschiedenen Ebenen an. Zu Beginn übertragen die Kinder die im jeweiligen Block vorkommenden Wörter auf die zugehörigen Blankovorlagen. Durch die wiederkehrenden Abschreibübungen prägen sich die Kinder die Wörter schneller ein. Die Arbeitsaufträge auf den anderen Blättern sind weitestgehend selbsterklärend. Im Inhaltsverzeichnis können Sie sehen, welche Arbeitsblätter sich differenziert einsetzen lassen. Vor der Nutzung der Kopiervorlagen zu den Wortarten sollten diese gemeinsam thematisiert und die Bildkarten nach Wortarten sortiert werden.

Geschichten: Die Geschichten werden in drei verschiedenen Schwierigkeitsgraden angeboten. Zunächst wird die Geschichte in der mittleren Schwierigkeitsstufe vorgelesen. Man kann die Kinder die Bildkarten an der Tafel in die richtige Reihenfolge bringen und anschließend z. B. Textkarten den Bildkarten zuordnen lassen. Passende Textkarten lassen sich leicht selbst herstellen. Im Anschluss erfolgt die Arbeit mit den Kopiervorlagen.

Reflexion: Zum Abschluss eines Themas kann die jeweilige zweifach differenzierte Reflexion eingesetzt werden (der erste Teil der Reflexion ist für alle Schüler gleich, im zweiten Teil wird differenziert). Je nach Aufgabenformaten werden verschiedene Kompetenzbereiche abgeprüft. Jede Reflexion beginnt mit einer Hörverstehensübung, bei der der Lehrer entweder die einzelnen Begriffe und eine zugehörige Zahl nennt (z. B. „Nummer 3, die Puppe") oder, bei einer fortgeschrittenen Lerngruppe, die Wörter in eine Geschichte einflechten kann. Die Kinder nummerieren die Bilder.

Erklärung zur Einheit „Gefühle – Ankreuzen und sprechen"

Benötigtes Material:

- Kopiervorlage „Gefühle – Ankreuzen und sprechen"

Ziel der Einheit:
Die Schüler erweitern ihre kommunikativen Kompetenzen, indem sie Interviews mit ihren Mitschülern führen und die Ergebnisse in einem Interviewbogen festhalten.

Durchführung:
Die Schüler befragen einander zu ihren Gefühlen mithilfe von vorgegebenen Satzmustern und dem Arbeitsblatt „Gefühle – Ankreuzen und sprechen":
Wie geht es dir?
Ich bin … Mir geht es …

Je nach individuellen Fähigkeiten können die Schüler ihrem Sprachstand entsprechend auch andere Sätze verwenden. Am Ende der Interviews werden die Ergebnisse wie folgt reproduziert: Ein Kind liest das Ergebnis eines Interviews vor (z. B.: *Das Kind/der Schüler/die Person ist hungrig.* Oder: *Dem Kind/Schüler/der Person geht es schlecht.*). Die Zuhörer versuchen anhand dieser Beschreibung den richtigen Schüler zu finden.

Erklärung zu den Aufgabensymbolen

Schreibe.

Unterstreiche.

Verbinde.

Nummeriere.

Schneide aus.

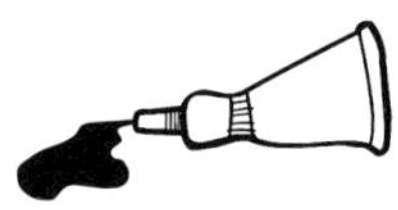
Klebe.

Höre.

Sieh dir an.

Lies.

Kreuze an.

Materialien
Reflexion
Bildkarten

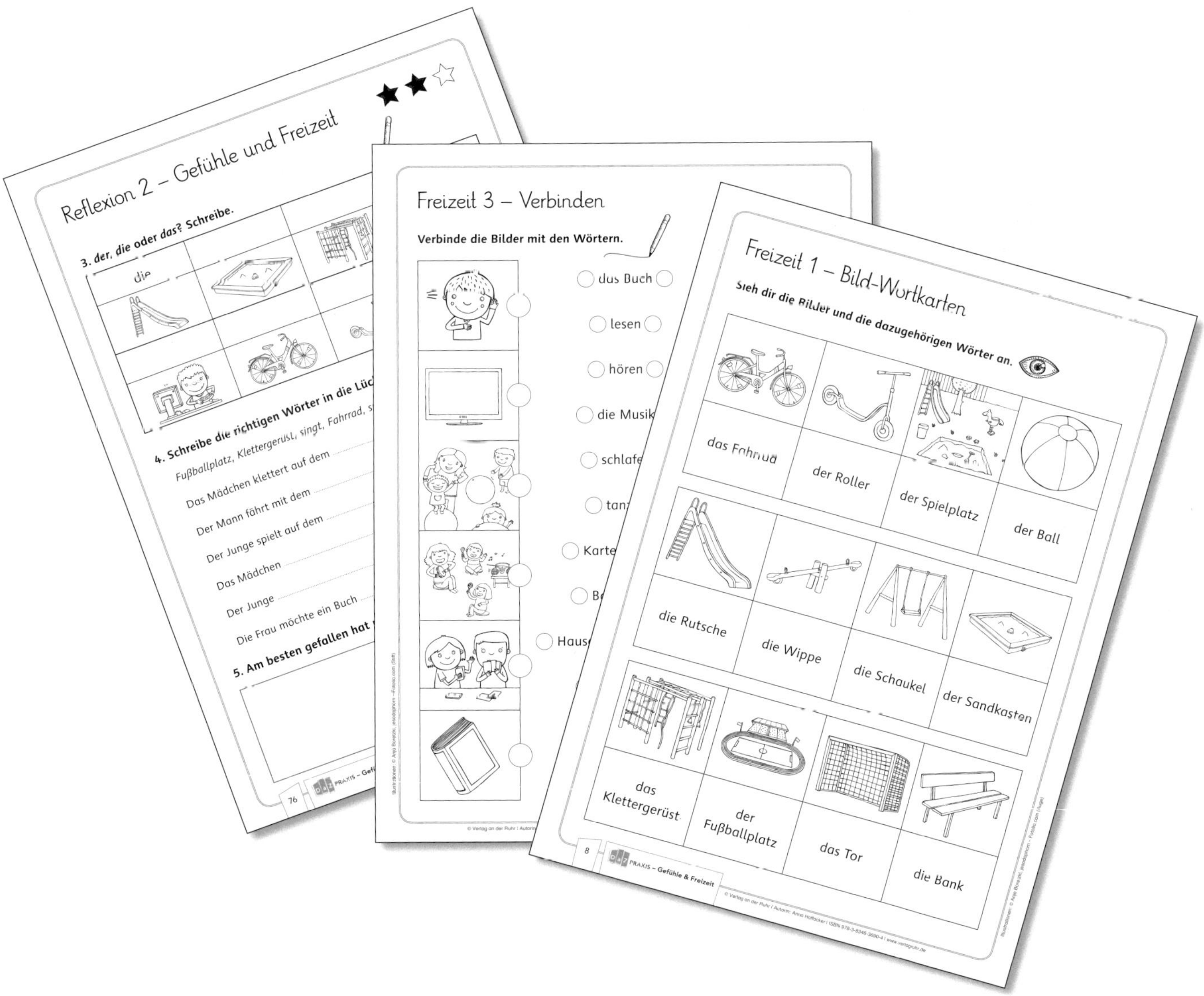

Freizeit 1 – Bild-Wortkarten

Sieh dir die Bilder und die dazugehörigen Wörter an.

	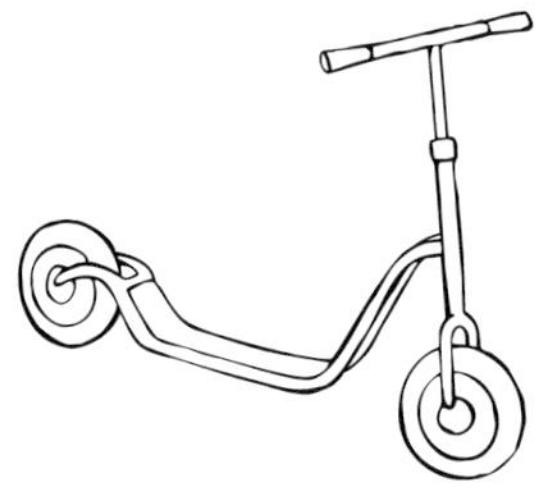		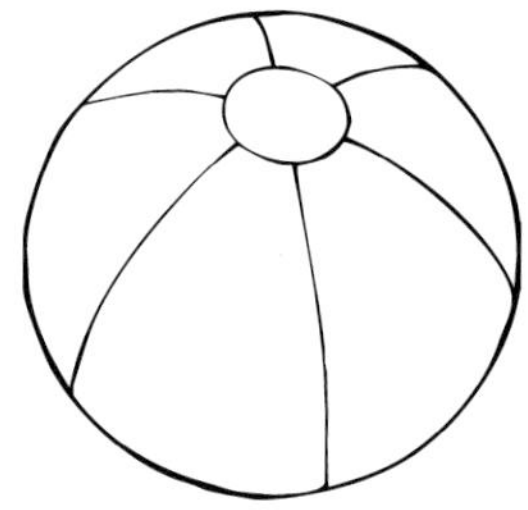
das Fahrrad	der Roller	der Spielplatz	der Ball

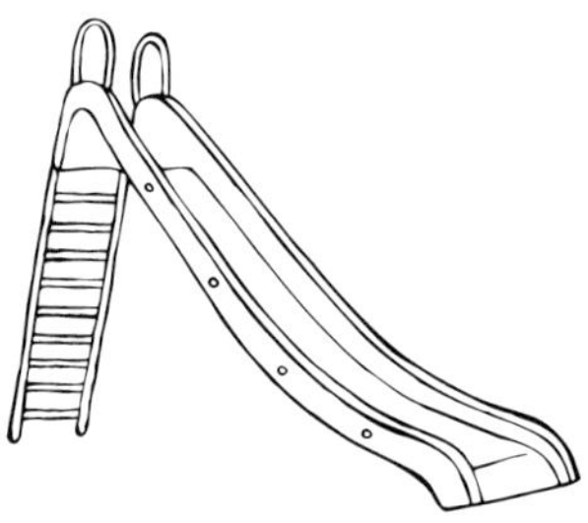	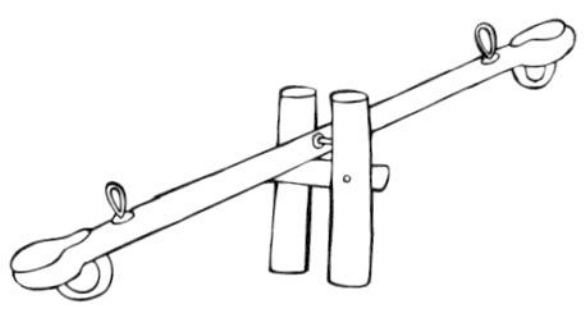		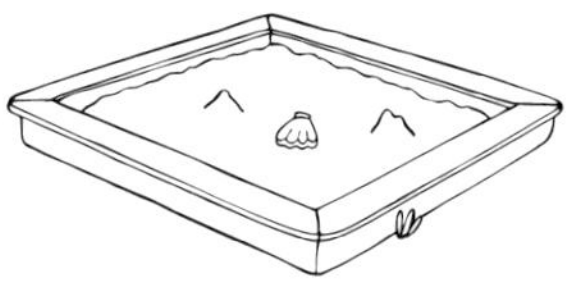
die Rutsche	die Wippe	die Schaukel	der Sandkasten

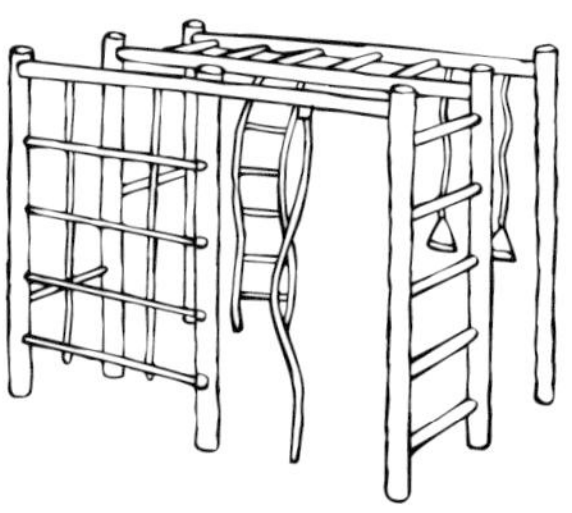	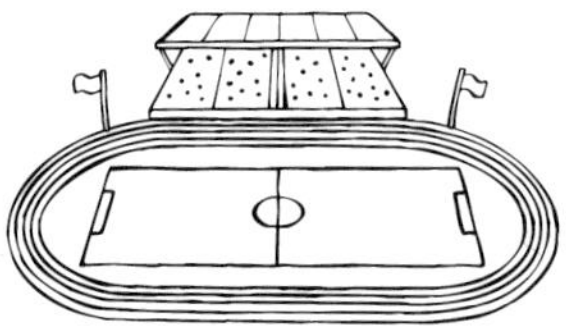	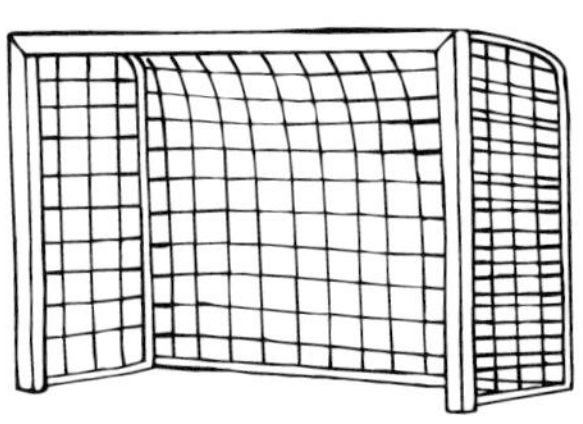	
das Klettergerüst	der Fußballplatz	das Tor	die Bank

Freizeit 1 – Ausfüll-Bildkarten

Schreibe die richtigen Wörter auf die Linien.

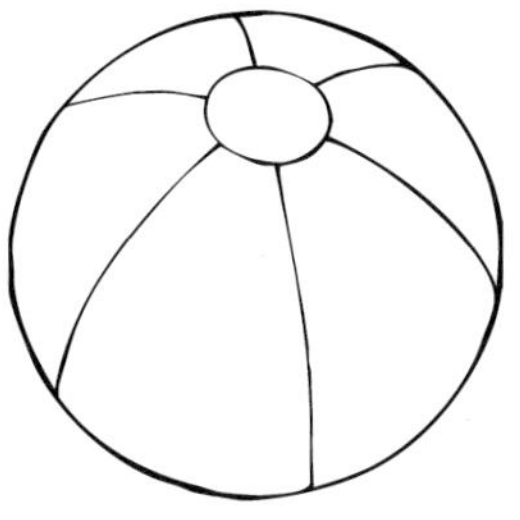

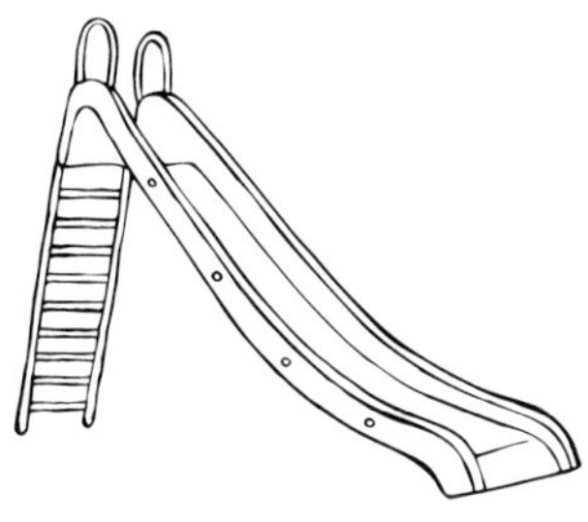

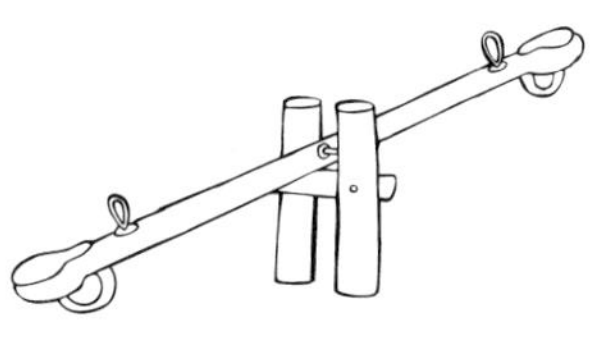

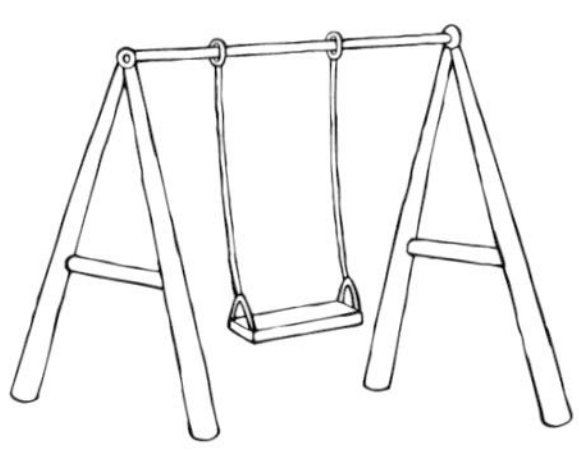

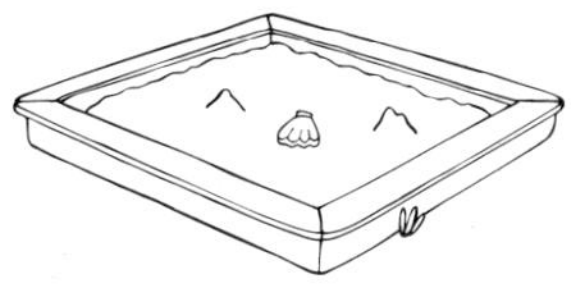

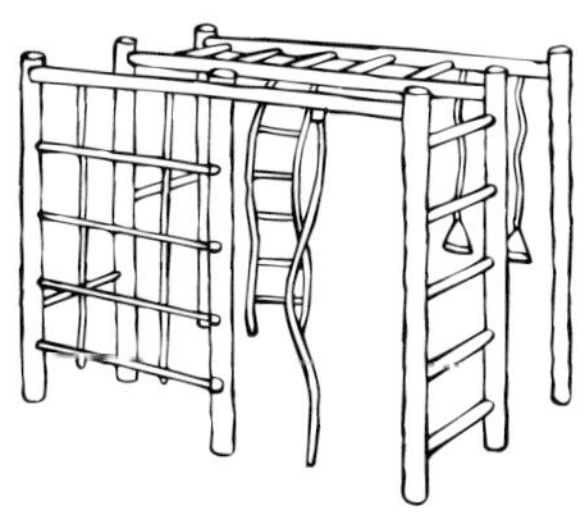

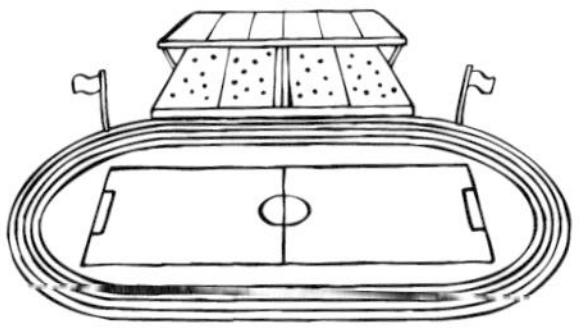

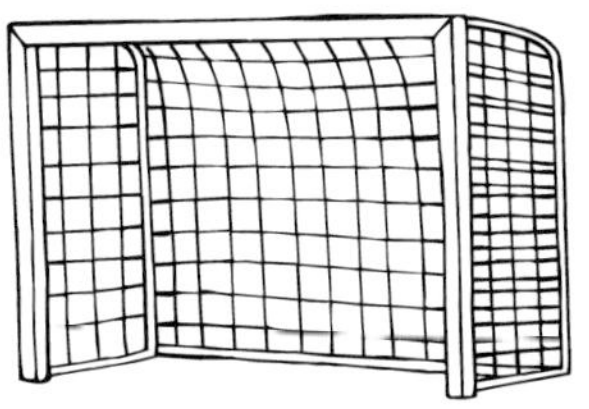

Freizeit 1 – Verbinden

Verbinde die Bilder mit den Wörtern.

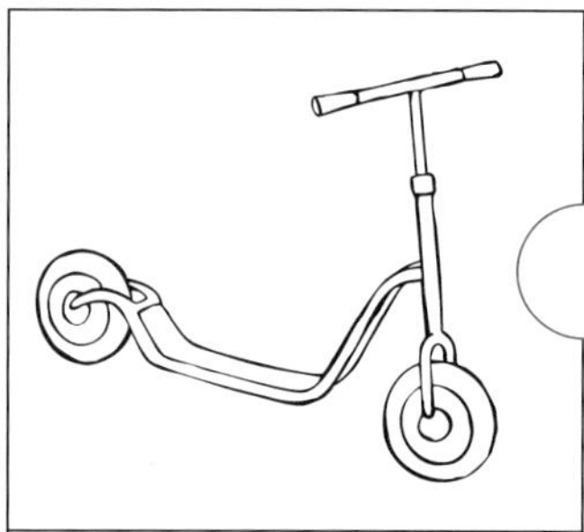

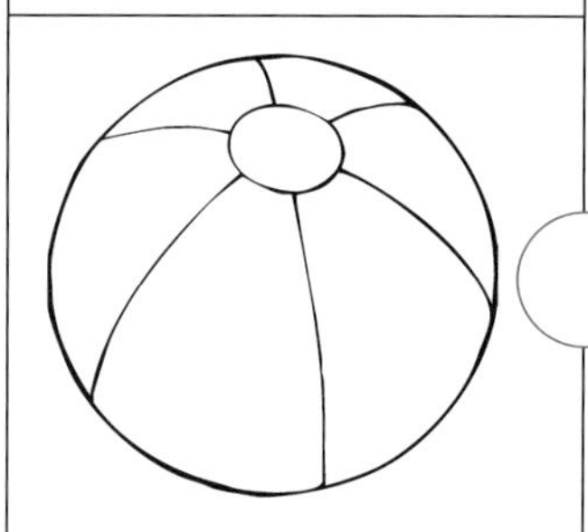
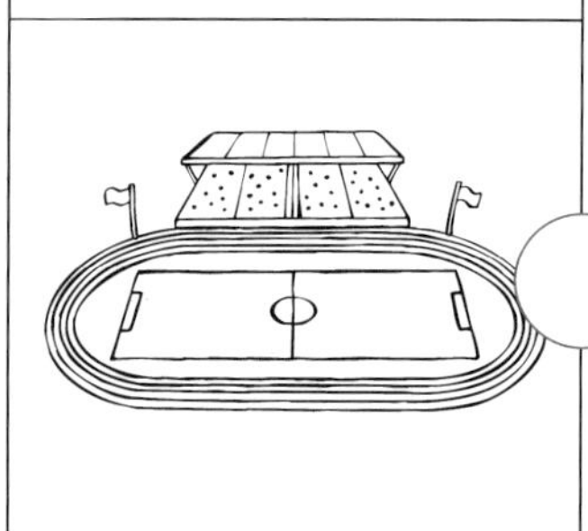

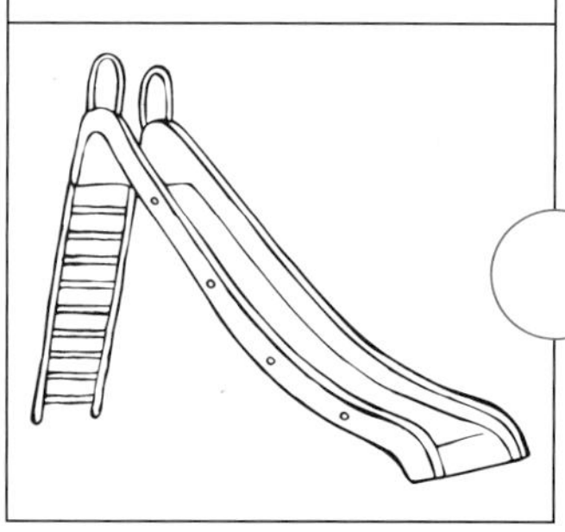

die Rutsche

die Bank

der Fußballplatz

der Sandkasten

die Schaukel

das Tor

das Klettergerüst

die Wippe

das Fahrrad

der Ball

der Roller

der Spielplatz

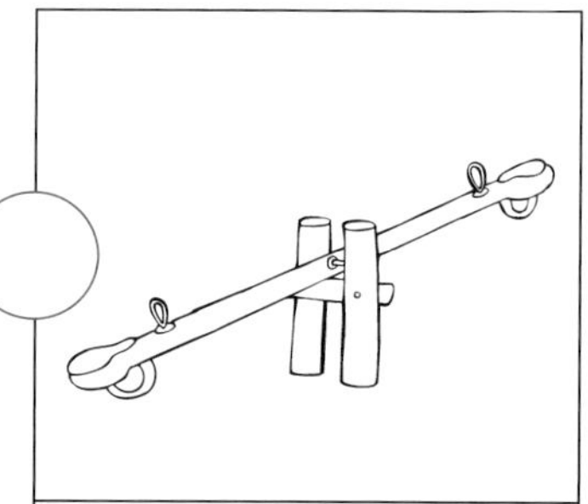

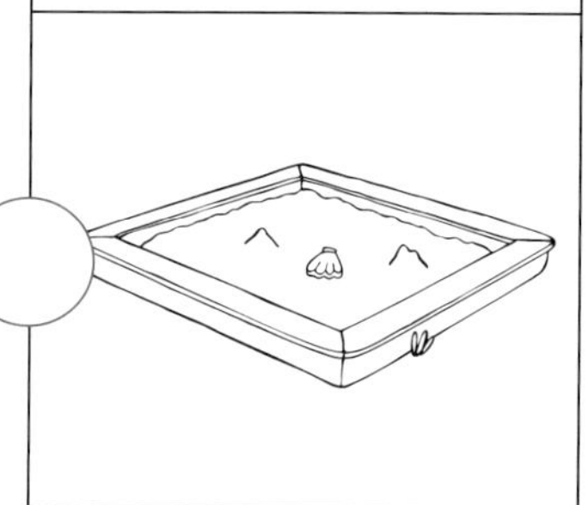
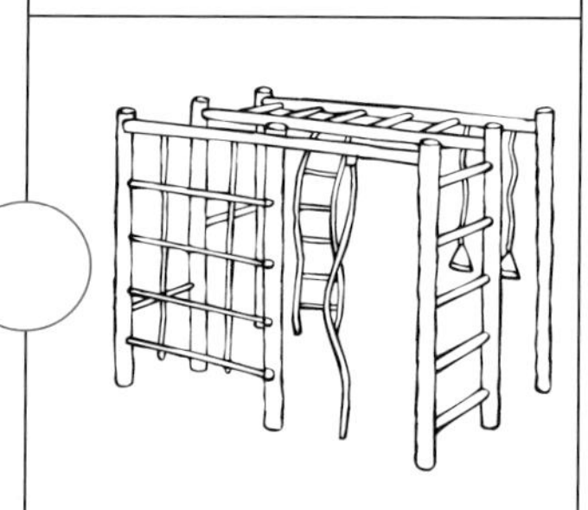
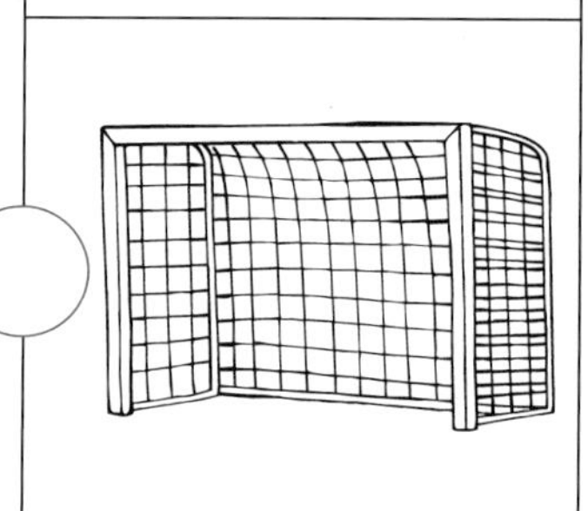

© Verlag an der Ruhr | Autorin: Anna Hoffacker | ISBN 978-3-8346-3690-4 | www.verlagruhr.de

Freizeit 1 – Wörter schreiben

Schreibe die richtigen Wörter neben die Bilder.

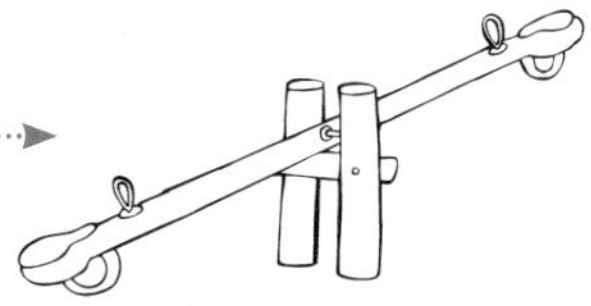

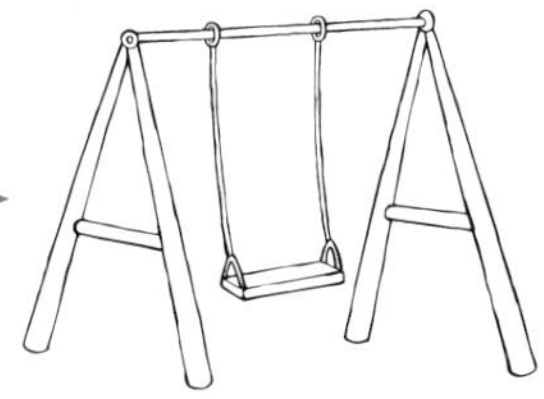

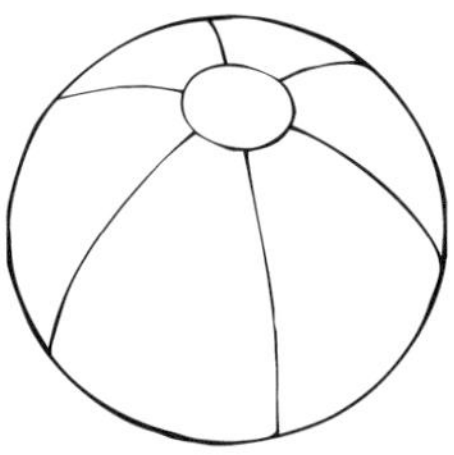

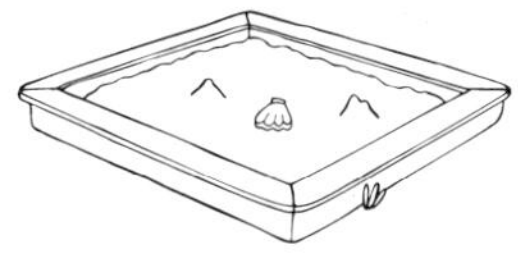

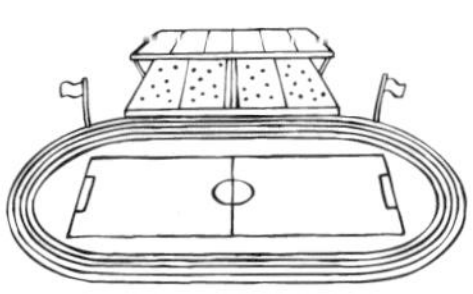

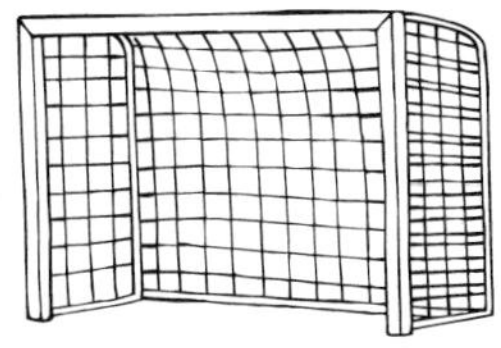

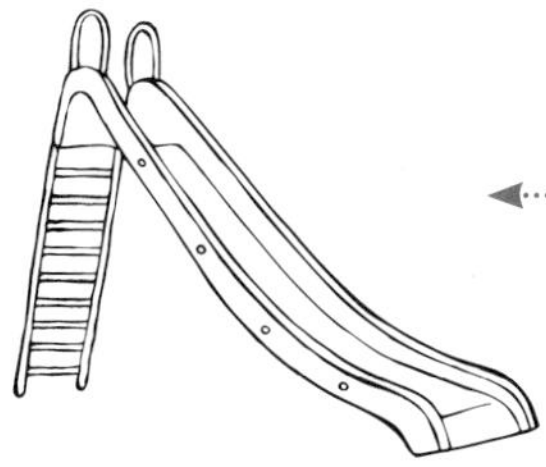

 ISBN 978-3-8346-3690-4 | www.verlagruhr.de

Freizeit 1 – Sätze schreiben

Schreibe die richtigen Sätze neben die Bilder.

Das ist der Roller.

Das ist die

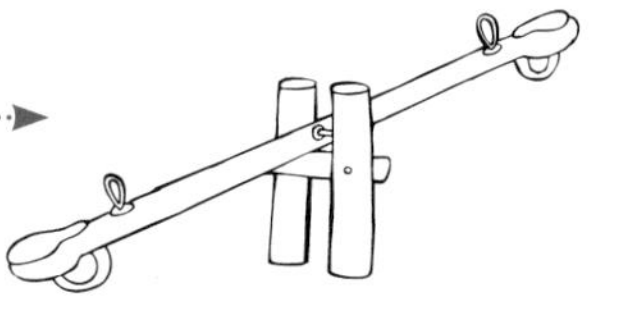

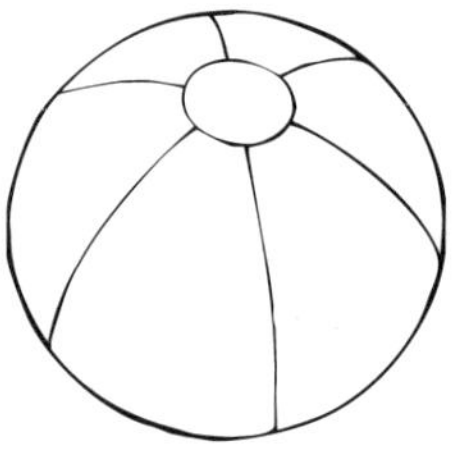

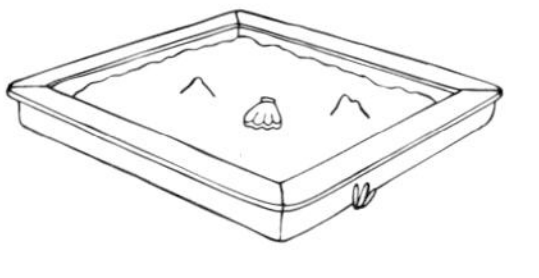

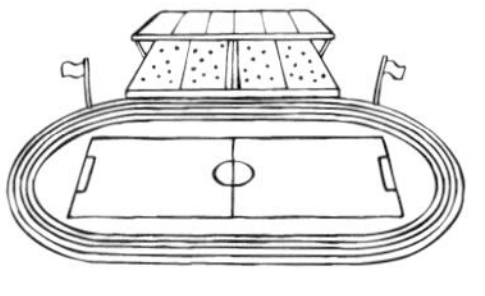

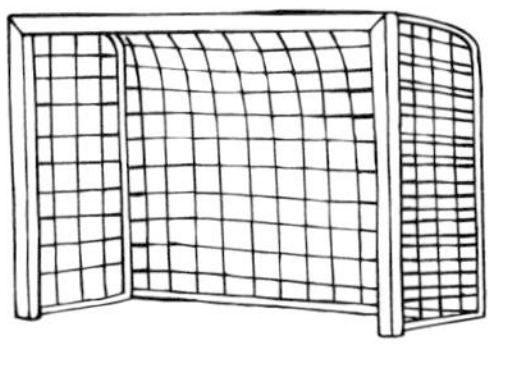

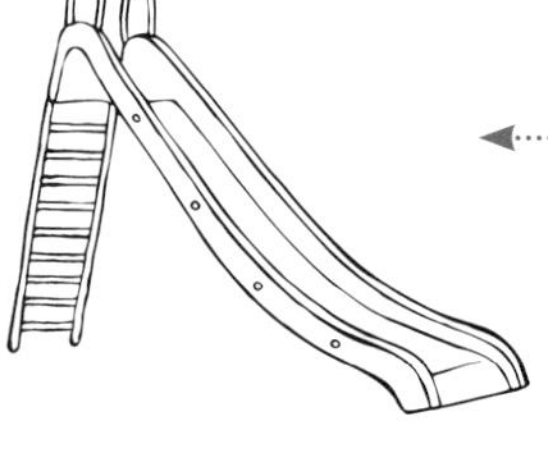

Freizeit 1 – Artikel

Schneide die Bilder aus und lege sie vor die richtige Kiste.

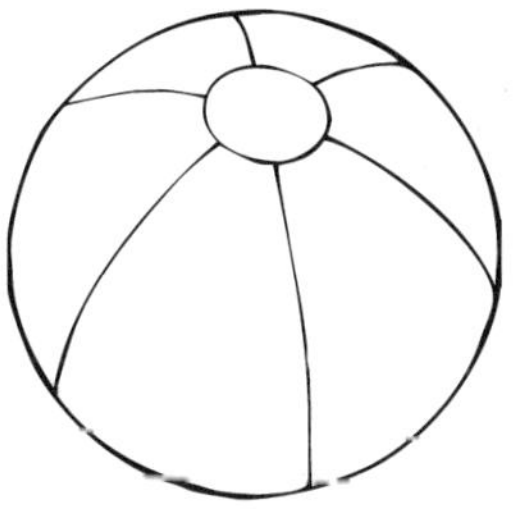

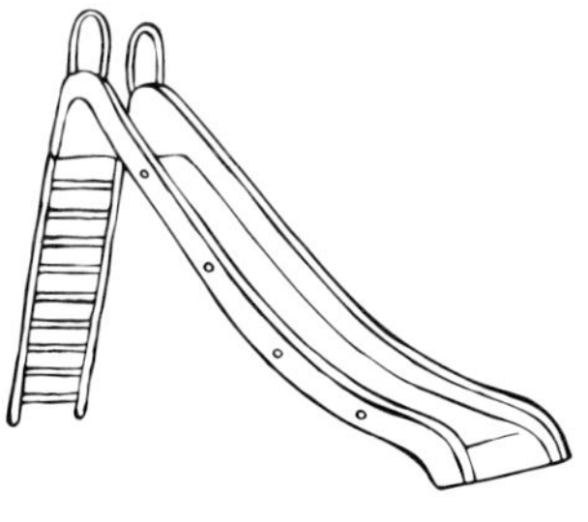

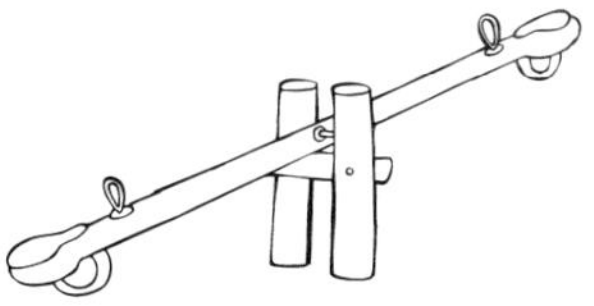

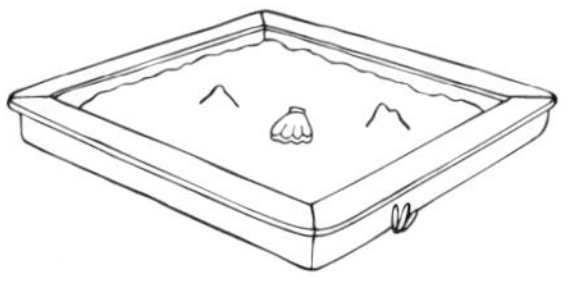

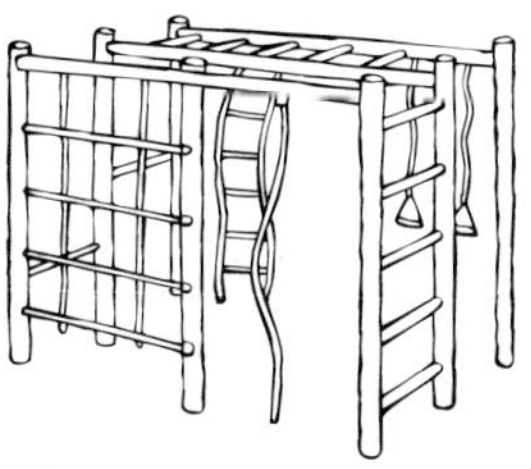

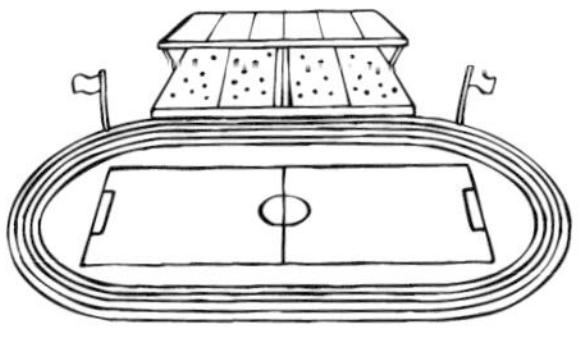

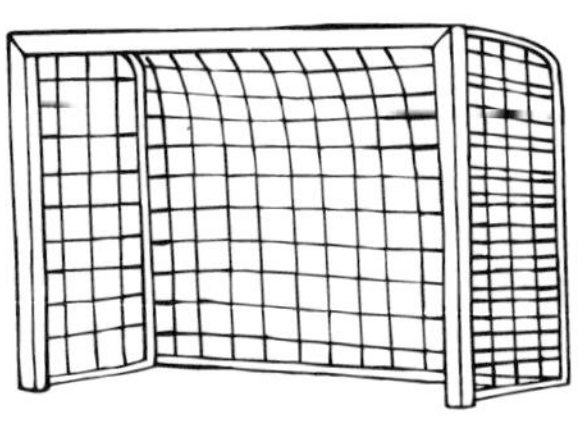

Freizeit 1 – Artikel verbinden

Verbinde die Artikel mit den richtigen Bildern.

der

die

das

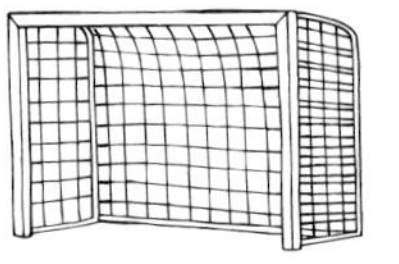
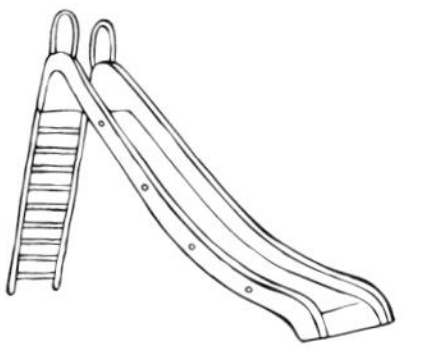

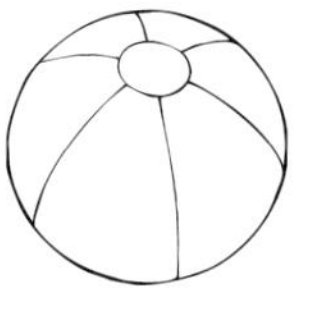
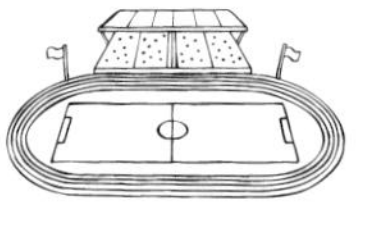

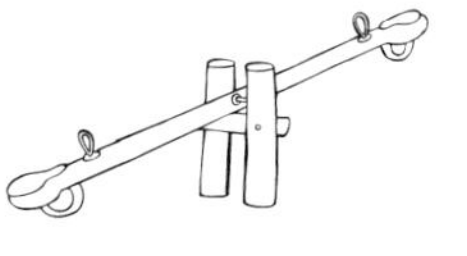
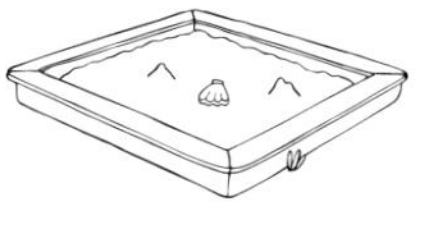

Freizeit 1 – Einzahl, Mehrzahl

1. Schreibe *der, die* oder *das*.

2. Schreibe in dein Heft *(der Ball – die Bälle ...)*.

der Ball 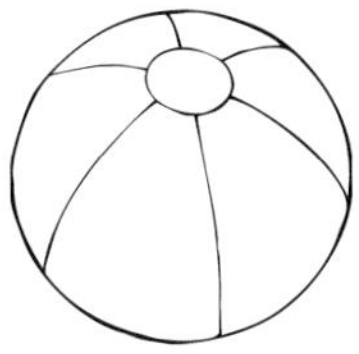	die B**ä**ll**e** 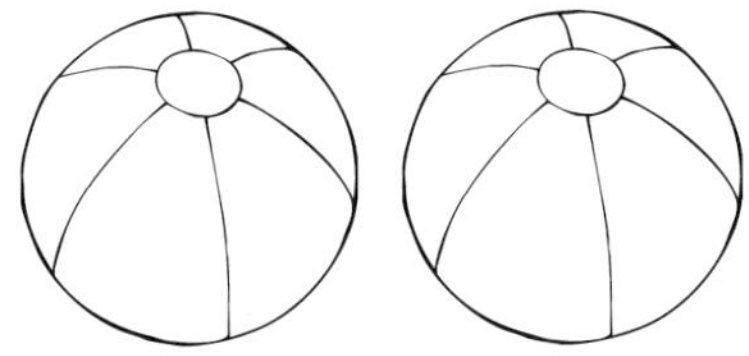
.... Rutsche 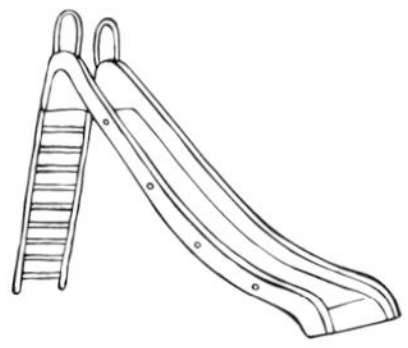	.... Rutsche**n** 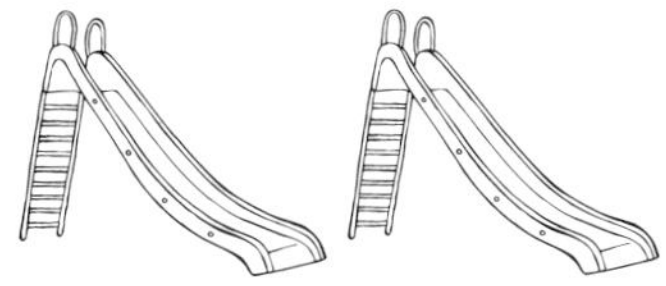
.... Schaukel 	.... Schaukel**n** 
.... Fahrrad 	.... Fahrr**ä**d**er** 
.... Roller 	.... Roller 
.... Fußballplatz 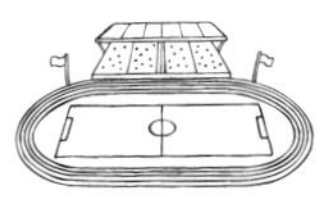	.... Fußballpl**ä**tz**e** 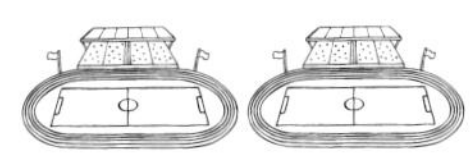
.... Klettergerüst 	.... Klettergerüst**e** 
.... Sandkasten 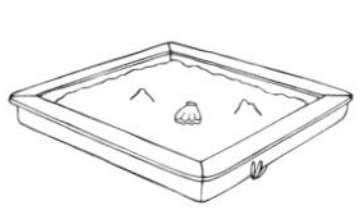	.... Sandk**ä**sten 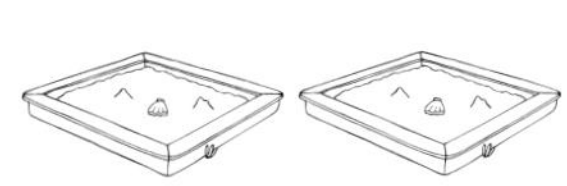

Freizeit 1 – Artikel und Nomen

1. Schreibe die Wörter mit Begleiter *(der, die, das)* auf.
Schreibe sie auch in der Mehrzahl.
die Rutsche • die Bank • der Fußballplatz • der Sandkasten • die Schaukel • das Tor • das Klettergerüst • die Wippe • das Fahrrad • der Ball • der Roller • der Spielplatz

2. Schreibe noch mehr Wörter auf, die du schon kennst.
(Basketballplatz, Springseil …)

Einzahl der/die/das 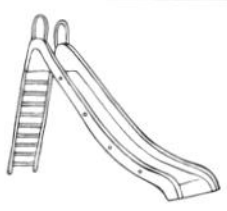	**Mehrzahl** die 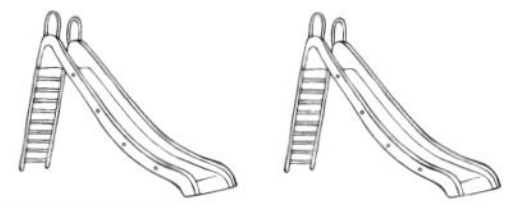
die Rutsche	*die Rutschen*

Freizeit 1 – Ankreuzen

Kreuze den richtigen Satz an.

- ◯ Das ist die Wippe.
- ◯ Das ist der Spielplatz.
- ◯ Das ist die Rutsche.

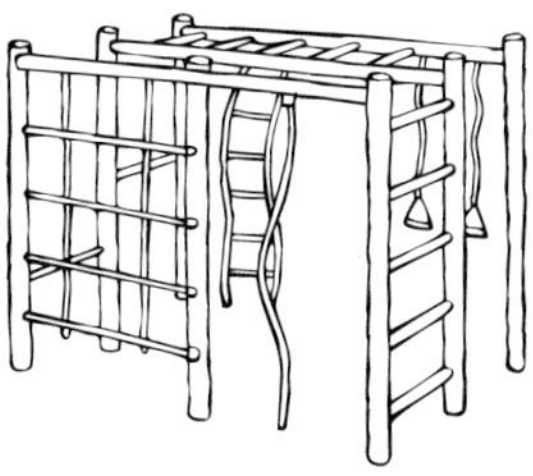

- ◯ Das ist das Klettergerüst.
- ◯ Das ist der Ball.
- ◯ Das ist das Fahrrad.

- ◯ Das ist der Ball.
- ◯ Das ist die Bank.
- ◯ Das ist das Fahrrad.

- ◯ Das ist der Roller.
- ◯ Das ist die Schaukel.
- ◯ Das ist das Tor.

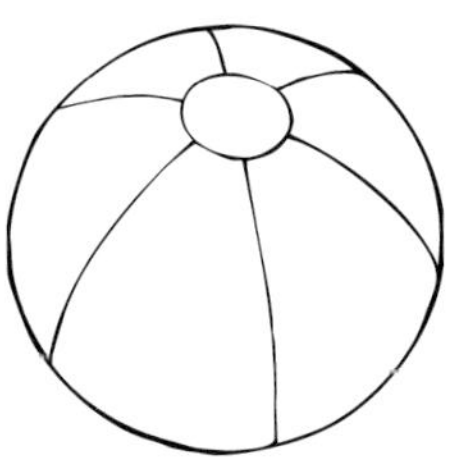

- ◯ Das ist das Klettergerüst.
- ◯ Das ist der Ball.
- ◯ Das ist das Tor.

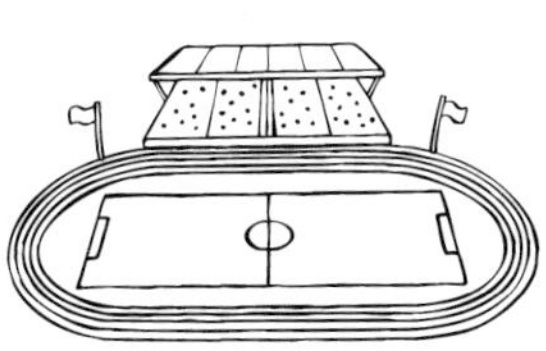

- ◯ Das ist die Rutsche.
- ◯ Das ist der Fußballplatz.
- ◯ Das ist der Sandkasten.

Freizeit 1 – Suchsel

Finde die versteckten Wörter und markiere sie.

K	L	E	T	T	E	R	G	E	R	Ü	S	T	E	F
P	O	Z	T	R	F	G	C	S	X	S	A	Q	K	U
S	H	D	B	A	N	K	R	T	O	R	B	B	L	S
P	I	R	O	P	D	S	W	X	Y	V	B	A	P	S
I	F	U	S	Q	R	O	L	L	E	R	N	L	T	B
E	I	T	U	T	R	E	F	G	S	D	V	L	Z	A
L	P	S	F	G	M	N	W	I	P	P	E	F	U	L
P	X	C	W	V	Z	T	Z	N	F	D	J	K	F	L
L	S	H	A	S	C	H	A	U	K	E	L	S	G	P
A	F	E	T	Z	E	B	N	M	D	S	A	R	H	L
T	D	R	T	E	E	F	A	H	R	R	A	D	W	A
Z	F	U	I	S	A	D	F	V	C	B	N	V	A	T
V	T	Z	S	A	N	D	K	A	S	T	E	N	X	Z

1. FAHRRAD
2. ROLLER
3. SPIELPLATZ
4. BALL
5. RUTSCHE
6. WIPPE
7. SCHAUKEL
8. SANDKASTEN
9. KLETTERGERÜST
10. FUSSBALLPLATZ
11. TOR
12. BANK

Freizeit 2 – Bild-Wortkarten

Sieh dir die Bilder und die dazugehörigen Wörter an.

singen	spielen	schaukeln	klettern

springen	rutschen	laufen	sich verstecken

wippen	fangen	sitzen	fahren

Freizeit 2 – Ausfüll-Bildkarten

Schreibe die richtigen Wörter auf die Linien.

....	....	....	....

....	....	....	....

....	....	....	....

Freizeit 2 – Verbinden

Verbinde die Bilder mit den Wörtern.

singen

spielen

schaukeln

klettern

springen

rutschen

laufen

sich verstecken

wippen

fangen

sitzen

fahren

Freizeit 2 – Wörter schreiben

Schreibe die richtigen Wörter neben die Bilder.

Freizeit 2 – Bilder kleben 1

1. Schneide die Bilder aus.
2. Klebe sie neben die Sätze.
3. Schreibe dann die Sätze ins Heft.

Das Mädchen rutscht.

....

Der Junge klettert.

....

Das Mädchen schaukelt.

....

Der Junge singt.

....

Das Mädchen spielt.

....

Das Mädchen springt.

....

Freizeit 2 – Bilder kleben 2

1. Schneide die Bilder aus.
2. Klebe sie neben die Sätze.
3. Schreibe dann die Sätze ins Heft.

	Der Junge wippt.
	Der Junge versteckt sich.
	Der Junge sitzt.
	Das Mädchen fährt.
	Der Junge fängt.
	Der Junge läuft.

Freizeit 2 – Satz-Bild-Zuordnung 1

Schreibe die richtigen Sätze neben die Bilder.

Das Mädchen rutscht. Der Junge klettert. Das Mädchen schaukelt.
Der Junge singt. Das Mädchen spielt. ~~Das Mädchen springt.~~

Das Mädchen springt.

Freizeit 2 – Satz-Bild-Zuordnung 2

Schreibe die richtigen Sätze neben die Bilder.

Der Junge wippt. Der Junge versteckt sich. Der Junge sitzt.
Das Mädchen fährt. Der Junge fängt. Der Junge läuft.

Freizeit 2 – Unterstreichen und schreiben

1. Unterstreiche Verben rot, Nomen blau.

singen	die Wippe	spielen	fahren
rutschen	der Ball	die Bank	sitzen
schaukeln	das Tor	fangen	sich verstecken
wippen			

2. Schreibe die Wörter in die Tabelle.

Nomen	Verben
die Wippe	

Freizeit 2 – Suchsel

Finde die versteckten Wörter und markiere sie. 

S	R	W	F	S	I	N	G	E	N	W	E	O	G	R
P	T	I	D	A	Y	D	U	T	O	M	A	G	F	D
I	H	P	S	Q	V	E	R	S	T	E	C	K	E	N
E	N	P	A	E	O	P	I	S	E	W	E	R	R	F
L	K	E	S	F	A	N	G	E	N	B	O	T	U	S
E	L	N	N	G	S	A	T	R	A	K	L	D	O	R
N	I	O	F	A	H	R	E	N	D	S	K	S	P	U
S	W	E	V	C	S	A	J	K	L	I	H	L	L	T
S	C	H	A	U	K	E	L	N	F	T	H	A	D	S
F	G	H	J	G	K	X	Y	A	F	Z	F	U	V	C
K	L	E	T	T	E	R	N	P	O	E	B	F	B	H
F	G	Z	K	M	K	Q	E	R	Z	N	Y	E	Z	E
B	S	P	R	I	N	G	E	N	U	I	X	N	R	N

1. SPIELEN
2. RUTSCHEN
3. SPRINGEN
4. WIPPEN
5. VERSTECKEN
6. FAHREN
7. SCHAUKELN
8. KLETTERN
9. LAUFEN
10. SINGEN
11. FANGEN
12. SITZEN

Freizeit 3 – Bild-Wortkarten

Sieh dir die Bilder und die dazugehörigen Wörter an.

das Buch	lesen	die Musik	hören
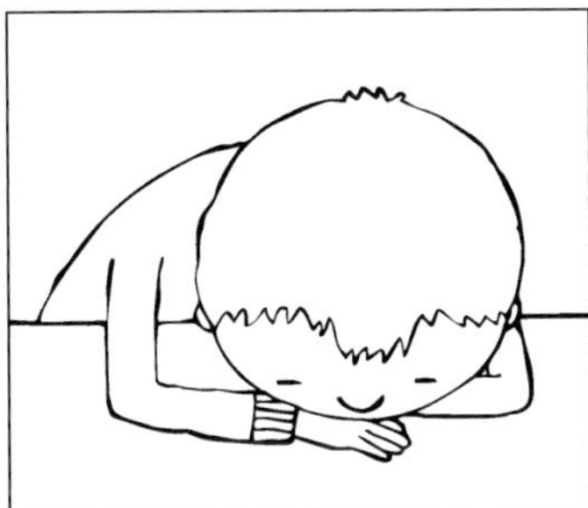	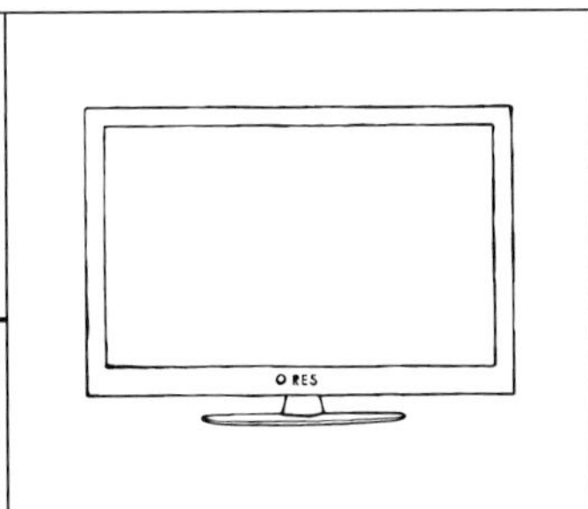		
schlafen	der Fernseher	fernsehen	tanzen

Karten spielen	Ball spielen	die Puppe	Hausaufgaben machen

Freizeit 3 – Ausfüll-Bildkarten

Schreibe die richtigen Wörter auf die Linien.

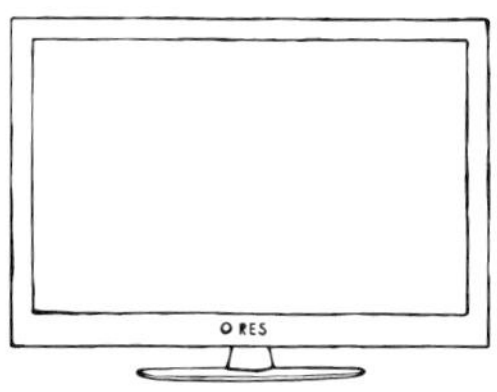

Freizeit 3 – Verbinden

Verbinde die Bilder mit den Wörtern.

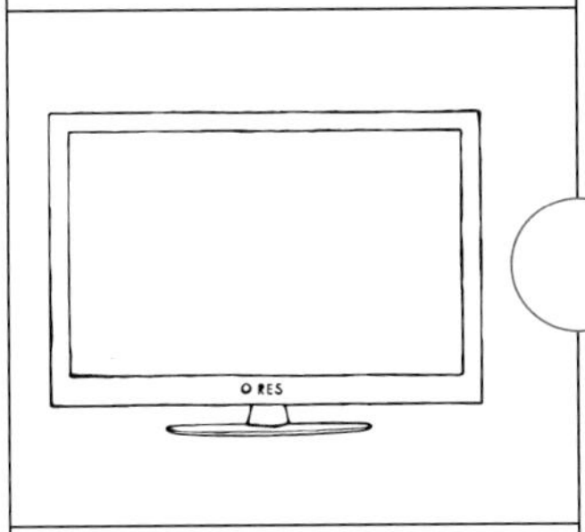

- das Buch
- lesen
- hören
- die Musik
- schlafen
- tanzen
- Karten spielen
- Ball spielen
- Hausaufgaben machen
- die Puppe
- fernsehen
- der Fernseher

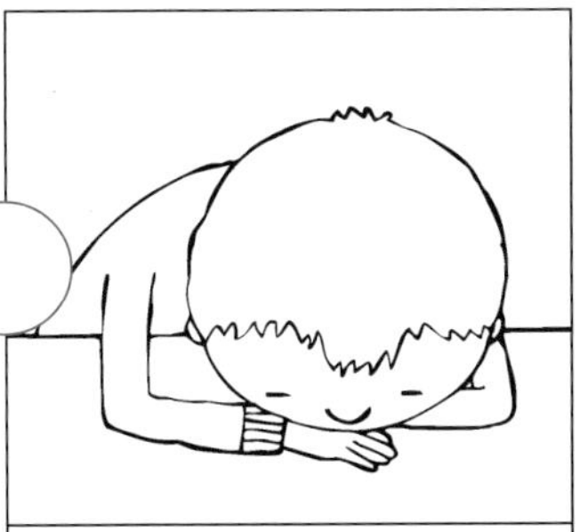

Freizeit 3 – Wörter schreiben

Schreibe die richtigen Wörter neben die Bilder.

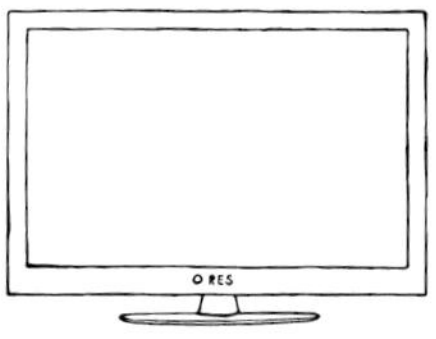

© Verlag an der Ruhr | Autorin: Anna Hoffacker | ISBN 978-3-8346-3690-4 | www.verlagruhr.de

Freizeit 3 – Bilder kleben 1

1. Schneide die Bilder aus.
2. Klebe sie neben die Sätze.
3. Schreibe dann die Sätze ins Heft.

Der Junge tanzt.

Der Junge spielt Ball.

Die Kinder spielen Karten.

Der Junge liest.

Freizeit 3 – Bilder kleben 2

1. Schneide die Bilder aus.
2. Klebe sie neben die Sätze.
3. Schreibe dann die Sätze ins Heft.

Der Junge hört.

....

Der Junge schläft.

....

Das Mädchen macht Hausaufgaben.

....

Das Mädchen sieht fern.

....

Freizeit 3 – Satz-Bild-Zuordnung 1

Schreibe die richtigen Sätze neben die Bilder.

~~Der Junge tanzt.~~ Der Junge spielt Ball.
Die Kinder spielen Karten. Der Junge liest.

Der Junge tanzt.

Freizeit 3 – Satz-Bild-Zuordnung 2

Schreibe die richtigen Sätze neben die Bilder.

Der Junge hört. Der Junge schläft.

Das Mädchen macht Hausaufgaben. Das Mädchen sieht fern.

Freizeit 3 – Unterstreichen und schreiben

1. Unterstreiche Verben rot, Nomen blau.

~~das Buch~~	lesen	die Musik	hören
schlafen	der Fernseher	fernsehen	tanzen
Karten spielen	Ball spielen	die Puppe	Hausaufgaben machen

2. Schreibe die Wörter in die Tabelle.

Nomen	Verben
das Buch	

Freizeit 3 – Suchsel

Finde die versteckten Wörter und markiere sie. 

H	A	U	S	A	U	F	G	A	B	E	N	G	F	D
Q	K	L	F	D	G	S	Z	S	G	J	I	U	Q	P
K	A	R	T	E	N		S	P	I	E	L	E	N	K
L	D	F	G	H	W	G	Y	N	V	M	C	L	P	P
F	E	M	U	S	I	K	D	P	D	B	Z	T	U	H
E	H	T	B	V	W	F	S	U	S	U	T	A	T	Ö
R	J	L	E	S	E	N	H	P	I	C	S	N	U	R
N	L	N	T	M	X	N	K	P	O	H	H	Z	U	E
S	J	S	C	H	L	A	F	E	N	K	J	E	G	N
E	U	I	F	Z	U	E	N	C	F	K	B	N	L	L
H	Z	F	E	R	N	S	E	H	E	R	M	B	V	B
E	H	X	G	H	P	E	D	F	S	A	F	G	T	N
N	A	S	B	A	L	L		S	P	I	E	L	E	N

1. BUCH
2. MUSIK
3. SCHLAFEN
4. TANZEN
5. BALL SPIELEN
6. PUPPE
7. LESEN
8. HÖREN
9. FERNSEHEN
10. KARTEN SPIELEN
11. HAUSAUFGABEN
12. FERNSEHER

Freizeit 4 – Bild-Wortkarten

Sieh dir die Bilder und die dazugehörigen Wörter an.

Flöte spielen	Gitarre spielen	Klavier spielen	basteln

malen	Inliner fahren	Skateboard fahren	schwimmen

Sport machen	die Freunde	Freunde treffen	Computer spielen

Freizeit 4 – Ausfüll-Bildkarten

Schreibe die richtigen Wörter auf die Linien.

Freizeit 4 – Verbinden

Verbinde die Bilder mit den Wörtern.

Klavier spielen

basteln

Inliner fahren

schwimmen

Skateboard fahren

malen

Gitarre spielen

Flöte spielen

Sport machen

Computer spielen

Freunde treffen

die Freunde

Freizeit 4 – Wörter schreiben

Schreibe die richtigen Wörter neben die Bilder.

Freizeit 4 – Bilder kleben 1

1. Schneide die Bilder aus.
2. Klebe sie neben die Sätze.
3. Schreibe dann die Sätze ins Heft.

Der Junge spielt Gitarre.

Das Mädchen spielt Flöte.

Der Junge spielt Klavier.

Das Mädchen bastelt.

Das Mädchen malt.

Das Mädchen fährt Inliner.

Freizeit 4 – Bilder kleben 2

1. Schneide die Bilder aus.
2. Klebe sie neben die Sätze.
3. Schreibe dann die Sätze ins Heft.

	Das Mädchen fährt Skateboard. ....
	Der Junge spielt Computer. ....
	Das Mädchen trifft eine Freundin. ....
	Der Junge schwimmt. ....
	Die Kinder machen Sport. ....

Freizeit 4 – Satz-Bild-Zuordnung 1

Schreibe die richtigen Sätze neben die Bilder.

Der Junge spielt Gitarre.	~~Das Mädchen fährt Inliner.~~	Das Mädchen malt.
Das Mädchen bastelt.	Der Junge spielt Klavier.	Das Mädchen spielt Flöte.

Das Mädchen fährt Inliner.

© Verlag an der Ruhr | Autorin: Anna Hoffacker | ISBN 978-3-8346-3690-4 | www.verlagruhr.de

Freizeit 4 – Satz-Bild-Zuordnung 2

Schreibe die richtigen Sätze neben die Bilder.

Das Mädchen fährt Skateboard. Der Junge spielt Computer.
Das Mädchen trifft eine Freundin. Der Junge schwimmt.
Die Kinder machen Sport.

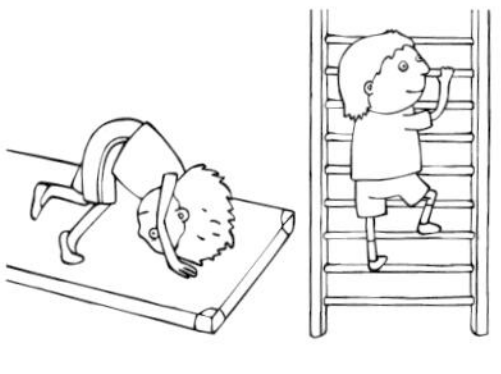

Freizeit 4 – Satz-Bild-Zuordnung 3

Schreibe die richtigen Sätze neben die Bilder.

Der Junge Das Mädchen	+	fährt spielt	+	Skateboard. Gitarre. Inliner. Klavier.

Das Mädchen fährt Inliner.

© Verlag an der Ruhr | Autorin: Anna Hoffacker | ISBN 978-3-8346-3690-4 | www.verlagruhr.de

Freizeit 4 – Satz-Bild-Zuordnung 4

Schreibe die richtigen Sätze neben die Bilder.

Der Junge Das Mädchen Die Kinder	+	trifft machen spielt	+	Computer. Sport. eine Freundin. Flöte.

....

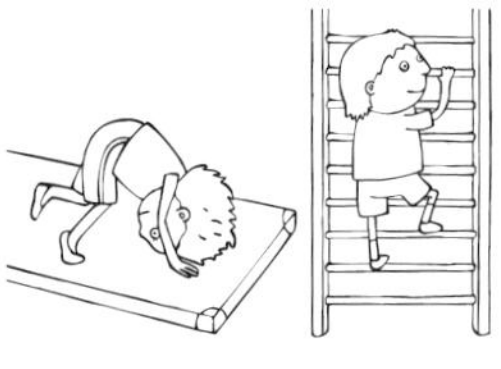
....

....

....

Freizeit 4 – Lücken füllen

1. Schreibe die richtigen Wörter in die Lücken.

Inliner, Skateboard, Gitarre, Flöte, Computer, Sport, eine Freundin, Klavier

Das Mädchen trifft ....

Das Mädchen spielt ....

Die Kinder machen ....

Das Mädchen fährt ....

Der Junge spielt ....

Der Junge spielt ....

Das Mädchen fährt ....

Der Junge spielt ....

2. Schreibe die Sätze ab.

Das Mädchen trifft eine Freundin.

Freizeit 4 – Wimmelbild

Was siehst du? Schreibe in dein Heft: ***Ich sehe ....***

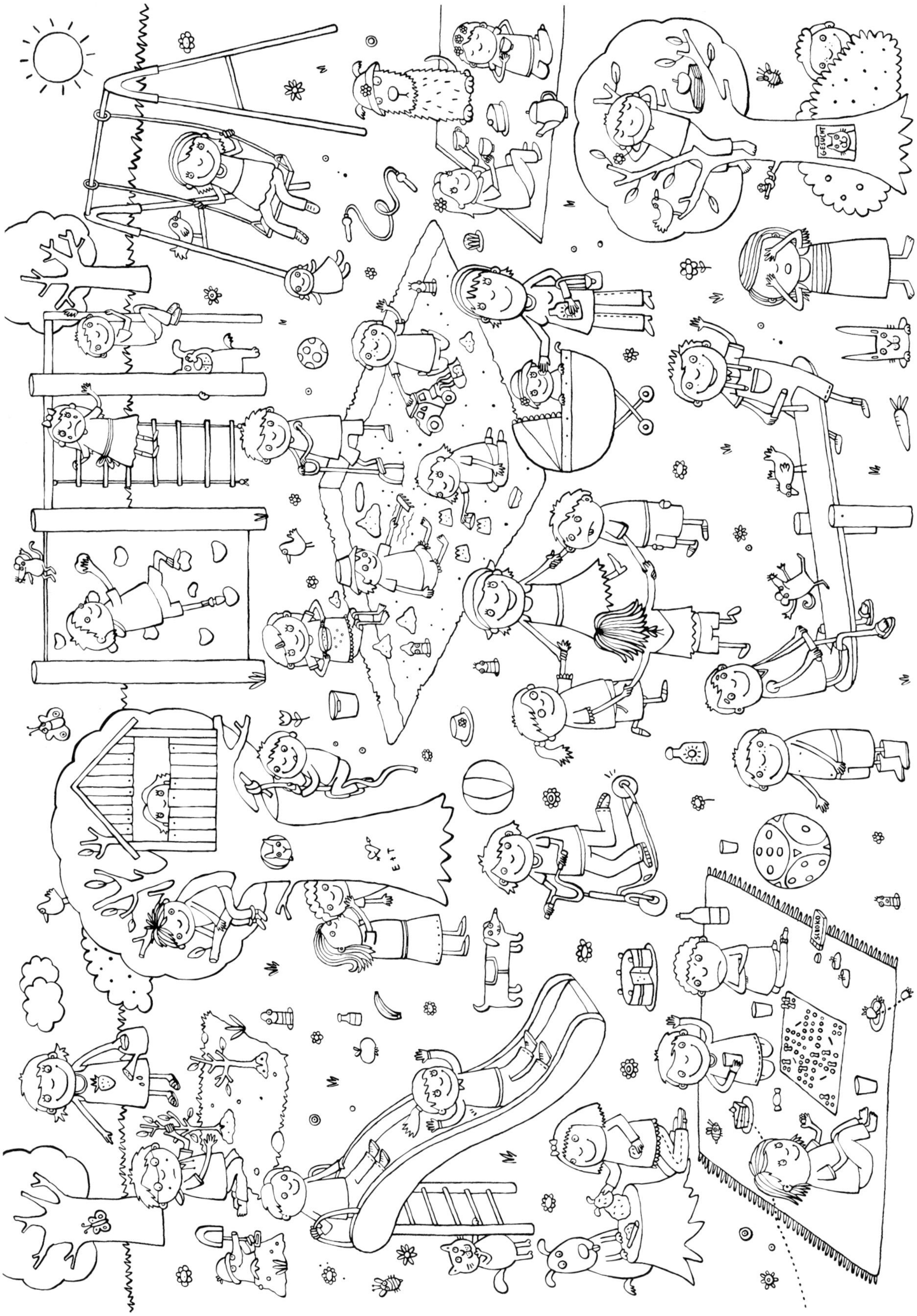

Freizeit 4 – Suchsel

Finde die versteckten Wörter und markiere sie. 

I	N	L	I	N	E	R	U	H	P	B	A	S	T	E	L	N
A	S	D	F	R	T	J	H	L	K	O	X	Y	D	S	A	E
S	T	C	O	M	P	U	T	E	R	Z	B	V	C	X	F	R
K	O	I	P	S	D	A	Q	E	V	D	M	K	N	B	V	S
A	P	F	O	G	I	T	A	R	R	E	U	L	A	S	C	C
T	M	A	N	W	E	R	T	Y	S	D	F	A	A	S	B	H
E	E	H	T	M	A	L	E	N	U	Z	I	V	K	P	L	W
B	R	R	A	Y	F	S	D	H	G	J	K	I	L	I	M	I
O	D	E	F	F	R	E	U	N	D	E	G	E	H	E	D	M
A	S	N	G	T	R	Q	W	K	L	P	O	R	D	L	S	M
R	U	Z	F	L	Ö	T	E	R	E	D	S	K	S	E	M	E
D	Q	F	S	A	J	S	E	K	I	O	E	R	G	N	N	N
W	S	P	O	R	T	R	T	R	E	F	F	E	N	L	K	O

1. INLINER
2. GITARRE
3. KLAVIER
4. FLÖTE
5. MALEN
6. BASTELN
7. SCHWIMMEN
8. SKATEBOARD
9. COMPUTER
10. SPORT
11. FREUNDE
12. TREFFEN
13. SPIELEN
14. FAHREN

Freizeit 4 – Abschreibtext 1

1. Lies den Text.

2. Schreibe den Text ab.

3. Übe Lesen.

Nazar fährt Fahrrad.
Suna fährt mit.
Aladin und Bilal spielen Fußball.
Aladin trifft das Tor!
Michel klettert und Kornelia
schaukelt.

Freizeit 4 – Abschreibtext 2

1. **Lies den Text.**
2. **Schreibe den Text ab.**
3. **Übe Lesen.**

Nazar fährt gern Fahrrad.
Suna fährt mit. Zusammen fahren sie eine große Runde. Bilal und Aladin spielen Fußball. Aladin trifft das Tor! Kornelia und Michel spielen auf dem Spielplatz.
Sie klettern auf das Klettergerüst und schaukeln.

Freizeit 4 – Abschreibtext 3

1. Lies den Text.

2. Schreibe den Text ab.

3. Übe Lesen.

In unserer Klasse sind viele Kinder. Nach der Schule machen sie gern unterschiedliche Sachen. Nazar fährt gern Fahrrad. Mit ihrer Freundin fährt sie immer eine große Runde.
Sami fährt lieber Roller. Aladin und Bilal spielen gern Fußball. Sie schießen viele Tore. Kornelia und Michel gehen gern auf den Spielplatz. Sie schaukeln und klettern um die Wette. Wer ist schneller oben auf dem Klettergerüst?

© Verlag an der Ruhr | Autorin: Anna Hoffacker | ISBN 978-3-8346-3690-4 | www.verlagruhr.de

Gefühle – Bild-Wortkarten

Sieh dir die Bilder und die dazugehörigen Wörter an.

traurig	glücklich	hungrig	krank

verliebt	müde	wütend	durstig

ängstlich	gelangweilt	(mir) geht es schlecht	(mir) geht es gut

Gefühle – Ausfüll-Bildkarten

Schreibe die richtigen Wörter auf die Linien.

Gefühle – Verbinden

Verbinde die Bilder mit den Wörtern.

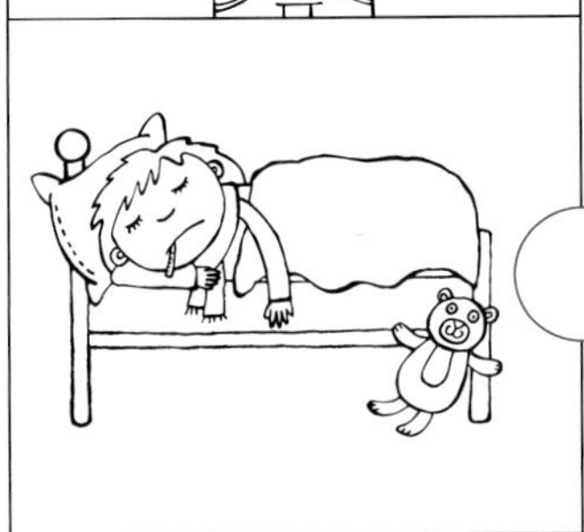
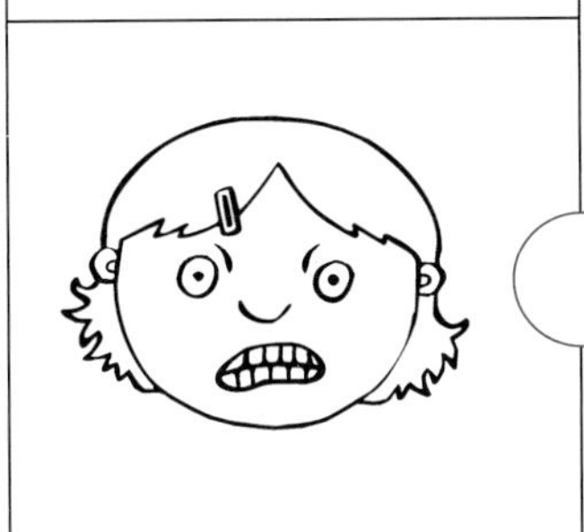

traurig

glücklich

hungrig

krank

verliebt

müde

wütend

durstig

ängstlich

gelangweilt

(mir) geht es schlecht

(mir) geht es gut

Gefühle – Wörter schreiben

Schreibe die richtigen Wörter neben die Bilder.

Gefühle – Bilder kleben 1

1. Schneide die Bilder aus.
2. Klebe sie neben die Sätze.
3. Schreibe dann die Sätze ins Heft.

Das Mädchen ist glücklich.

....

Das Mädchen ist traurig.

....

Der Junge ist hungrig.

....

Der Junge ist krank.

....

Das Mädchen ist verliebt.

....

Der Junge ist müde.

....

Gefühle – Bilder kleben 2

1. Schneide die Bilder aus.
2. Klebe sie neben die Sätze.
3. Schreibe dann die Sätze ins Heft.

Das Mädchen ist durstig.

....

Das Mädchen ist wütend.

....

Das Mädchen ist gelangweilt.

....

Der Junge ist ängstlich.

....

Dem Mädchen geht es schlecht.

....

Dem Mädchen geht es gut.

....

© Verlag an der Ruhr | Autorin: Anna Hoffacker | ISBN 978-3-8346-3690-4 | www.verlagruhr.de

Gefühle – Satz-Bild-Zuordnung 1

Schreibe die richtigen Sätze neben die Bilder.

~~Das Mädchen ist glücklich.~~ Das Mädchen ist traurig. Der Junge ist hungrig. Der Junge ist krank. Das Mädchen ist verliebt. Der Junge ist müde.

Das Mädchen ist glücklich.

Gefühle – Satz-Bild-Zuordnung 2

Schreibe die richtigen Sätze neben die Bilder.

Das Mädchen ist durstig. Das Mädchen ist wütend.
Das Mädchen ist gelangweilt. Der Junge ist ängstlich.
Dem Mädchen geht es schlecht. Dem Mädchen geht es gut.

Gefühle – Satz-Bild-Zuordnung 3

Schreibe die richtigen Sätze neben die Bilder. 

Der Junge ist
Das Mädchen ist

+

glücklich.	krank.	traurig.
verliebt.	müde.	hungrig.

Das Mädchen ist traurig.

Gefühle – Satz-Bild-Zuordnung 4

Schreibe die richtigen Sätze neben die Bilder.

Der Junge ist
Das Mädchen ist
Dem Mädchen geht es

\+

gelangweilt.	gut.	wütend.
durstig.	schlecht.	ängstlich.

Gefühle – Ankreuzen und sprechen

1. Wie geht es dir? Kreuze an.

2. Sprich mit einem Partner: „Wie geht es dir?“ „Ich bin … Mir geht es …“

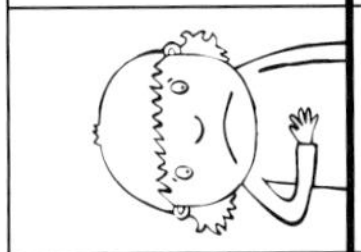						
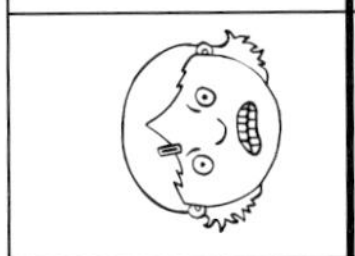						
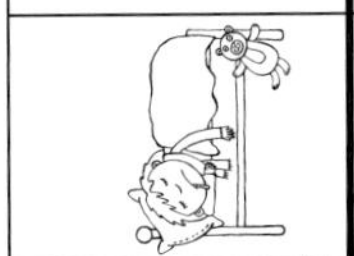						

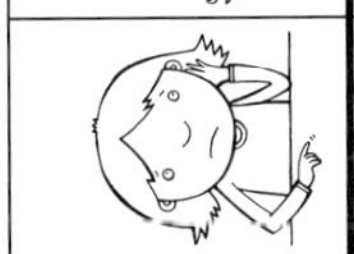						

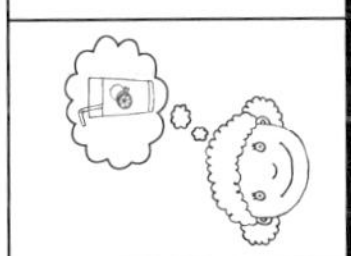						
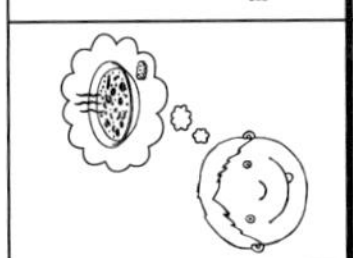						
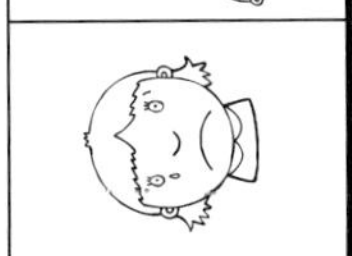						
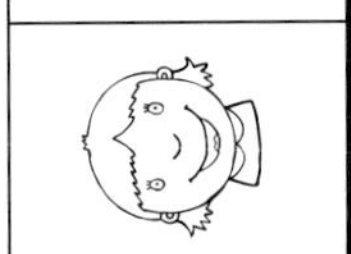						
Gefühl / Name						

Gefühle – Ankreuzen und sprechen

1. Wie geht es dir? Kreuze an.

2. Sprich mit einem Partner: „Wie geht es dir?" „Ich bin … Mir geht es …"

gut gehen						
schlecht gehen						
wütend						
krank						
ängstlich						
verliebt						
gelang-weilt						
müde						
durstig						
hungrig						
traurig						
glücklich						
Gefühl / Name						

Gefühle – Abschreibtext 1

1. Lies den Text. 

2. Schreibe den Text ab.

3. Übe Lesen. 

Lara ist wütend.
Kasper hat sie geärgert.
Samir ist glücklich.
Er hat einen neuen Ball.
Nazar ist hungrig.
Kira gibt ihr eine Möhre.

Gefühle – Abschreibtext 2

1. **Lies den Text.**
2. **Schreibe den Text ab.**
3. **Übe Lesen.**

In der Schule erzählen die Kinder vom Wochenende. Lara ist wütend. Ihr Bruder Kasper hat sie geärgert. Samir hat einen neuen Ball. Er ist glücklich. Nazar möchte bald ihr Brot essen. Sie ist hungrig. Doch das Brot ist weg. Kira schenkt ihr eine Möhre.

Gefühle – Abschreibtext 3

1. **Lies den Text.**
2. **Schreibe den Text ab.**
3. **Übe Lesen.**

Am Morgen kommen alle Kinder zur Schule. In der Klasse sprechen sie über das Wochenende. Lara ist wütend. Ihr Bruder hat sie geärgert. Die anderen Kinder beruhigen Lara. Samir ist glücklich. Er freut sich schon auf die Pause. Da kann er mit Michel und seinem neuen Ball spielen. Nazar ist hungrig.
Sie möchte ihr Brot essen. Da fällt ihr ein, dass sie ihr Brot vergessen hat. Sie ist traurig. Kira hilft: „Du kannst von meinem Gemüse essen."

Auf dem Spielplatz – Geschichte

1. Lara und Nikolina wollen spielen.
2. Lara fährt Roller.
3. Sie wartet und klettert.
4. Nikolina ist hungrig. Sie hat Kuchen dabei.

Auf dem Spielplatz – Geschichte

1. Lara macht Hausaufgaben. Dann wollen Lara und Nikolina spielen.
2. Lara fährt mit dem Roller zum Spielplatz. Sie singt.
3. Lara wartet. Sie schaukelt und klettert. Lara ist traurig.
4. Nikolina kommt mit dem Fahrrad. „Ich bin hungrig! Ich habe Kuchen dabei.“

Auf dem Spielplatz – Geschichte

★★★

1. Nach der Schule macht Lara ihre Hausaufgaben. Als sie fertig ist, ruft ihre Freundin Nikolina an. „Treffen wir uns auf dem Spielplatz?" „Klar!", sagt Lara.
2. Lara holt ihren Roller aus dem Keller. Sie ist fröhlich und singt. Schnell fährt sie mit dem Roller zum Spielplatz.
3. Nikolina ist noch nicht da. Lara wartet. Solange schaukelt sie auf der Schaukel. Dann klettert sie auf das Klettergerüst. Wo bleibt Nikolina nur? Lara ist traurig.
4. Da! Jetzt kann sie Nikolina sehen. Schnell fährt Nikolina mit ihrem Fahrrad herbei und ruft: „Ich war so hungrig! Ich habe für uns noch Kuchen mitgebracht!"

Auf dem Spielplatz – Arbeitsblatt

1. Schneide die Bilder der Geschichte aus. 

2. Klebe die Bilder in der richtigen Reihenfolge auf.  

3. Schreibe die Geschichte ab.

❶

❷

❸

❹

Auf dem Spielplatz – Arbeitsblatt

1. Schneide die Bilder der Geschichte aus.
2. Klebe die Bilder in der richtigen Reihenfolge auf.
3. Schreibe die Geschichte ab.

❶

❷

❸

❹

 | ISBN 978-3-8346-3690-4 | www.verlagruhr.de

Reflexion 1 – Gefühle und Freizeit

Name: .... Datum: ....

1. Höre gut zu und nummeriere. 1 2 3

2. Verbinde.

die Schaukel

rutschen

das Buch

traurig

singen

das Tor

Reflexion 2 – Gefühle und Freizeit

3. *der, die* oder *das*? Schreibe.

die			
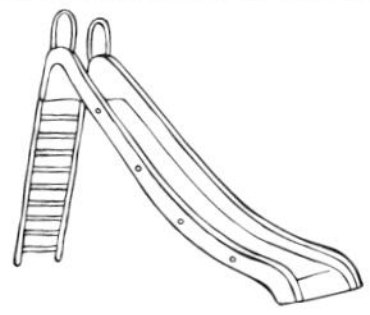	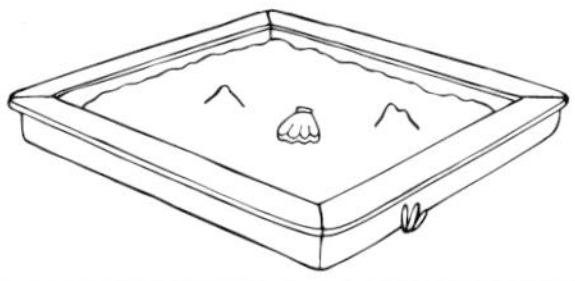	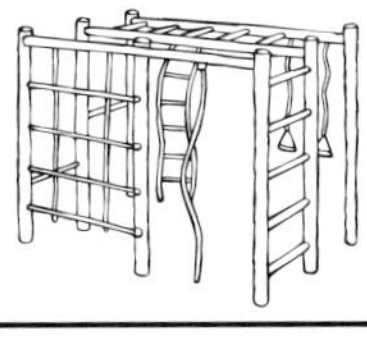	

4. Schreibe die richtigen Wörter neben die Bilder.

die Puppe *langweilig* *hören* *die Musik*

 ....

 ....

 ....

 ....

5. Am besten gefallen hat mir:

Reflexion 2 – Gefühle und Freizeit

3. *der, die* oder *das*? Schreibe.

die			
	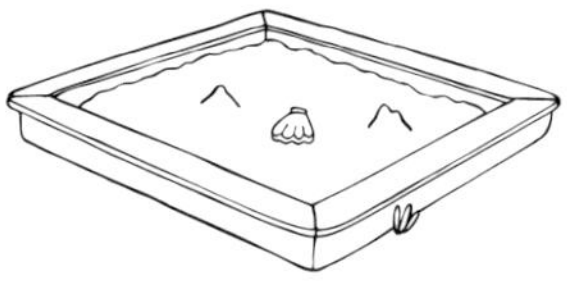		

4. Schreibe die richtigen Wörter in die Lücken.

Fußballplatz, Klettergerüst, singt, Fahrrad, spielt, lesen

Das Mädchen klettert auf dem ....

Der Mann fährt mit dem ....

Der Junge spielt auf dem ....

Das Mädchen .... ein Lied.

Der Junge .... Klavier.

Die Frau möchte ein Buch ....

5. Am besten gefallen hat mir:

Bildkarten

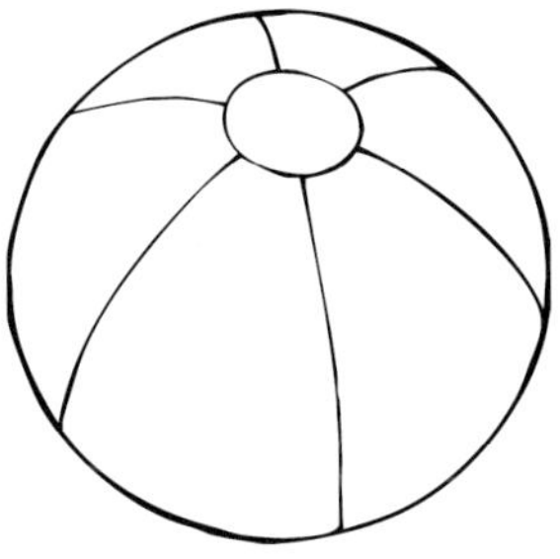
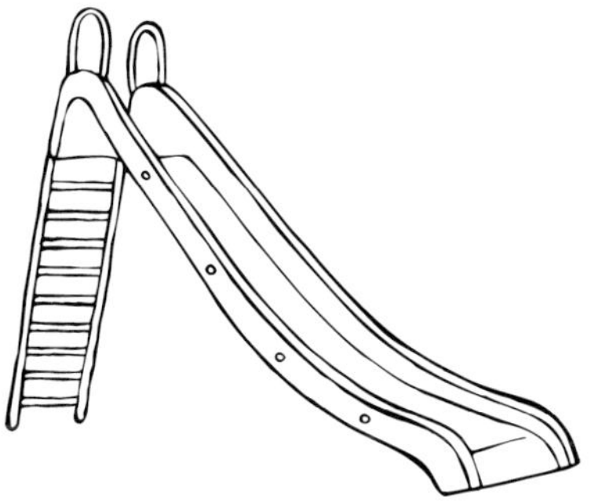
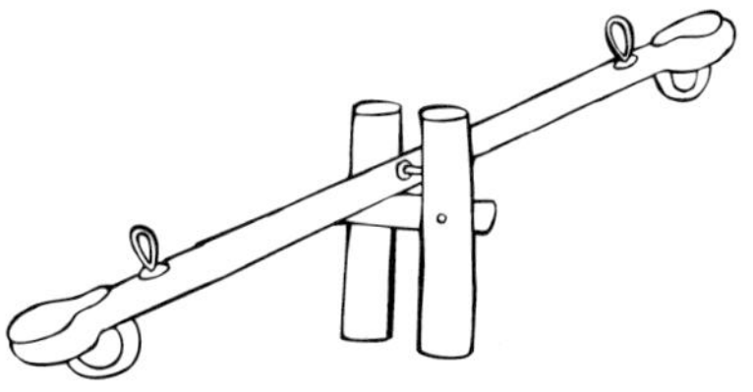

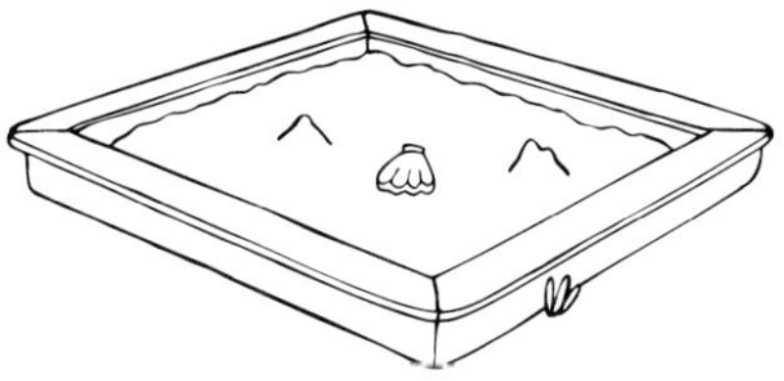
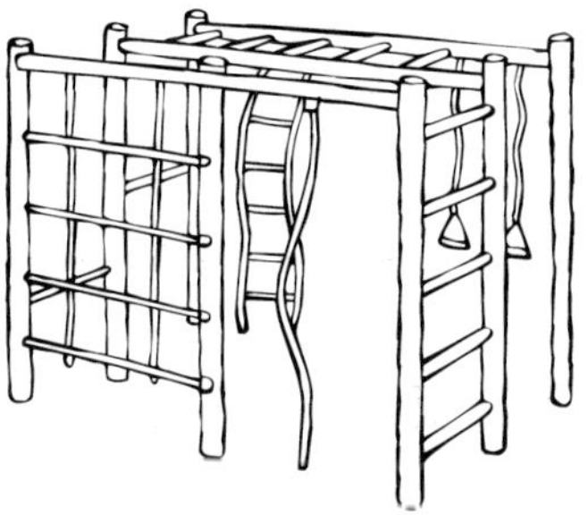
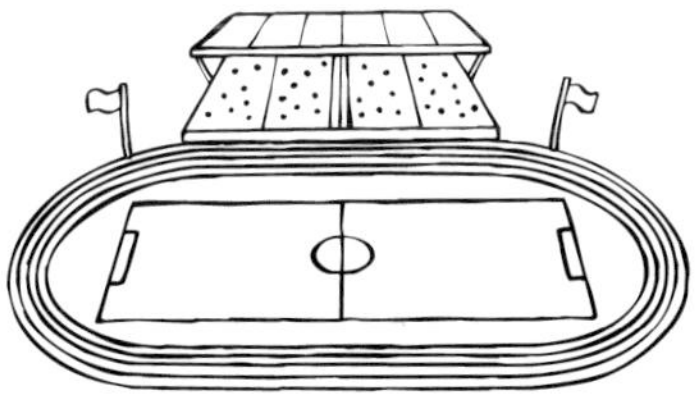
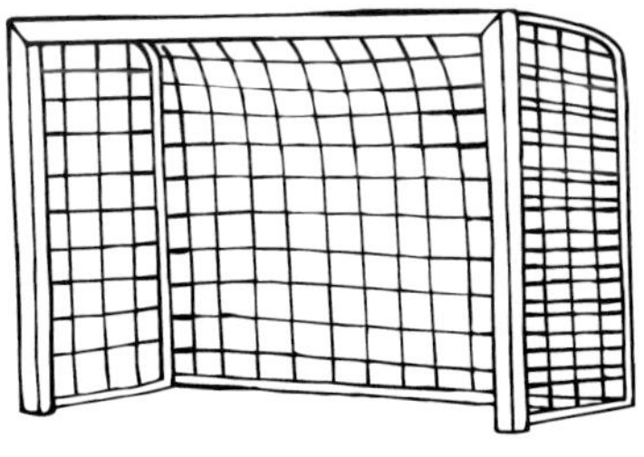

Bildkarten

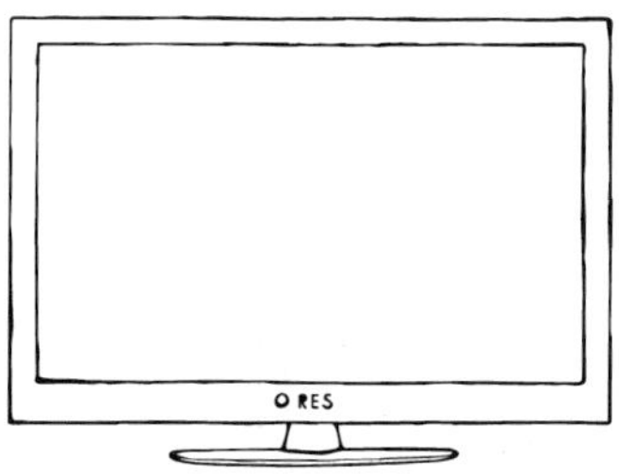

Bildkarten

Bildkarten